Os cinco segredos da santidade

Com o Papa João Paulo II

Dados Internacionais de Catalogação na Publicação (CIP)
(Câmara Brasileira do Livro, SP, Brasil)

João Paulo II, Papa, 1920-2005.
Os cinco segredos da santidade com o Papa João Paulo II / [tradução Leonilda Menossi]. – São Paulo : Paulinas, 2014.

Título original: Cinque segreti della santità
ISBN 978-85-356-3724-3

1. João Paulo II, Papa, 1920-2005 - Mensagens   2. Papas - Discursos, encíclicas etc.   I. Título.

14-01564   CDD-262.13

Índice para catálogo sistemático:

1. Papas : Discursos : Cristianismo   262.13

Título original da obra: *Cinque Segreti della Santità*
© 2013 Àncora S.r.l.

Direção-geral: *Bernadete Boff*
Editora responsável: *Maria Goretti de Oliveira*
Tradução: *Leonilda Menossi*
Copidesque: *Mônica Elaine G. S. da Costa*
Coordenação de revisão: *Marina Mendonça*
Revisão: *Ana Cecilia Mari*
Gerente de produção: *Felício Calegaro Neto*
Diagramação: *Manuel Rebelato Miramontes*

1ª edição – 2014
3ª reimpressão – 2021

Nenhuma parte desta obra poderá ser reproduzida ou transmitida por qualquer forma e/ou quaisquer meios (eletrônico ou mecânico, incluindo fotocópia e gravação) ou arquivada em qualquer sistema ou banco de dados sem permissão escrita da Editora. Direitos reservados.

Paulinas
Rua Dona Inácia Uchoa, 62
04110-020 – São Paulo – SP (Brasil)
Tel.: (11) 2125-3500
http://www.paulinas.com.br – editora@paulinas.com.br
Telemarketing e SAC: 0800-7010081
© Pia Sociedade Filhas de São Paulo – São Paulo, 2014

Os segredos da santidade

Karol Wojtyla, o papa que proclamou uma multidão de santos e beatos, percorreu por primeiro um caminho de santidade, que a Igreja reconheceu logo, quase como "santo imediatamente".

Neste pequeno livro, destacamos cinco segredos da santidade que João Paulo II viveu e testemunhou.

Cada pequeno capítulo traz as palavras do papa com uma oração, para pedir ajuda e proteção.

No final, encontram-se as ladainhas a alguns santos e beatos, proclamados como tais por João Paulo II.

⊱ 1 ⊰
ABRIR AS PORTAS PARA CRISTO

Não tenham medo! Abram, antes, escancarem as portas a Cristo. Para o seu poder salvador, abram os confins dos Estados, dos sistemas econômicos e políticos, dos vastos campos da cultura, da civilização e do desenvolvimento. Não tenham medo. Cristo sabe "o que o homem tem dentro de si"; somente ele o sabe!

Discurso do início do pontificado, 22 de outubro de 1978

Senhor Jesus, tu sabes
o que há no meu coração:
ajuda-me a não ter medo
e a abrir as portas para Cristo,
a fim de que eu possa não só testemunhar
em qualquer circunstância
a beleza da santidade
que procede de ti,
mas também encontrar em ti paz e conforto
em todos os dias da minha vida.

⊨ 2 ⊨
CRER NO AMOR DE DEUS

Tenham coragem de acreditar na Boa-Nova sobre a vida que Jesus ensina no Evangelho. Abram as mentes e os corações à beleza de tudo o que Deus fez e a seu amor especial, pessoal, por cada um de vocês. Ouçam a sua voz e sigam-no!

Denver, 14 de agosto de 1993

Senhor Jesus, concede-me
crer firmemente
no amor que tu me revelaste
e que doaste no teu Evangelho.
Faze que eu ouça cada dia
a tua voz
que me chama a seguir-te
para sentir sempre em mim
os benefícios da tua redenção.